주 다는 남자

주 다는 남자

이동재 시집

포지션

* 한 연이 다음 쪽의 첫 행에서 시작될 때는 '〉'표시를 함.

시인의 말

나는 한국 문학사의
천만다행이자 민폐다.
읽고 나면, 아니 알고 나면
다 아는 얘기다.

2018년 가을
―사족蛇足 이동재

차례

제1부 | 대학에서
대학입학금　12
강사 퇴근　13
갑과 을　14
어느 강의실에서　16
말세의 희탄　17
투명인간　20
대한민국에 사는 세 가지 기쁨　21
대학지도大學之道　22
대학강사 삼애三哀　23
대학 적폐　26

제2부 | 전설 따라 삼 센티
만리장성과 피라미드　30
조선뉴스 1　32
조선뉴스 2　33
조선뉴스 3　34
조선뉴스 4　35

조선뉴스 5 36
조선뉴스 6 38
조선뉴스 7 39
조선뉴스 8 41
조선뉴스 9 42
한국 정당 근친사와 노안 43
전설 따라 삼 센티 44
SK 47
창업론 49
켈로KLO 아저씨의 죽음 50
불신 지옥 51
가만히 있으리 53
세상, 참 55

제3부 | 여자들

모든 주어는 미친년 58
바람이 전하는 말 60
개와 늑대의 시간 61

여신 63
여배우들의 수다 64
적멸 65
오래된 여자 67
위대한 설계 69
어머니 71
아내 변천사 72
지금 한국 여자들은 클라이밍 중 73
호우 시절 74
본처의 나라 75
한국 드라마 시청기 77
한국 여자는 성장 중 78
시골 가로등 80
누구에게나 자기만의 바다가 있다 81
안인마을에서 82
수평선 83
평등 84
어떤 이별 85

제4부 | 변두리 문단

황금시대 88
시단詩壇 89
우수문예지 90
시인의 훈장 91
신작시 읽기 92
공자의 재발견 93
시론詩論時論 94
가지자지 95
붓질과 좆질 96
허명 97
적 98
주 다는 남자 99
시를 위하여 103

해설

지옥에서 보낸 한철 | 고봉준 108

제1부

대학에서

대학입학금

당신들이 이 대학 교수들이요
재단에서 나온 사람들이요
다 개자식들이외다
생각해보니 그동안 등록금
입학금 수업료가 뭔지도 모르고
내 온 것도 속상한데
입학금을 그냥 축의금이나
부조금쯤으로 생각하는 거요
갈비탕 한 그릇 차려놓지도 않고
염치없이 왜 자꾸 돈을 달래
배운 게 모자라서 그러고들 있으면
억지로라도 이해나 되지
당신들이 뭐 거지새끼들이요
개화 이후 목 좋은 데 자리 잡고 있다가
여전히 삥이나 뜯는 양아치들이란 말이요

강사 퇴근

가난한 관계다
봄꽃들이 앞다퉈 피는 날
때 놓친 주린 배를 달래며
다 쉰 노모와
허전한 아내나 보러 간다

봄꽃들이 서둘러 다 지는데
술 한잔 걸칠 사이 없어
하품이나 하며
그냥 집으로 간다
참으로 가난한 관계다

갑과 을

강사 계약서를 작성하다가 알았다
난 그저 촉탁嘱託이었구나
일제시대와 함께 사라진 줄 알았던 말
촉탁이 살아 있었구나

총독부 촉탁 이효석
고려영화사 촉탁 임화
헌병보조원 밀정 그거 다 촉탁이었는데
원조 비정규직

친일파들이 멀쩡히 살아 있으니
놀랄 일도 아니고
친일파로 의심받고 있는 인간들과
그 후손들이 건재하니
또 그렇겠구나

세상 사람들 여전히 갑과 을

그 말이 그 말이었구나 식민지 근대
해방이 해방이 아니었구나
갑남을녀 선남선녀 언제나 갑과 을이로구나

어느 강의실에서

교수도 떠나고
선배나 동기도 떠나고
세월이 그렇게 훅 간 자리에
간혹 그들의 유전자만 건너와 서성이거나
텅 빈 유령만이 앉아서
빈 칠판을 바라보고 있었다

말세의 희탄*

전교생의 존경을 받은 천하의 동탁 조지훈은
한 학기에 두 번 강의실에 나타났다
가외로 한 달에 한 번은 학교에 나온 적도 있다는 게 최근 학설인데
그날이 월급날이었단다

대가의 강의는 대개 그런 거다

그의 제자 H모 교수는
하나를 보면 열을 아는 교수였는데
한국현대문학사 강의를 최남선 두 시간 하고 한 학기 종쳤다
그 후 그 교수는 그 대학 총장까지 했다

고수의 강의란 모름지기 그런 거다

이 모 촉탁 강사는 개강 첫 시간부터

16주 마지막 시간까지 꼬박 출강을 했지만
연구실도 밥 먹을 동료도 없고
매년 호봉 인상도 진급도 퇴직금도 연금도 없는
만년 비정규직 강사였다

하수의 강의는 그런 거다
말세의 법이 본디 그러하다

저녁의 피 묻은 동굴 속으로
아, 밑 없는 그 동굴 속으로
끝도 모르고
끝도 모르고
나는 거꾸러지련다.
나는 파묻히련다.

칼마시 캐시캐시 한국대학
칼마시 캐시캐시 한국대학

* 이상화의 시 제목.
* 斜體로 쓴 부분은 이상화의 「말세의 희탄」 부분.

투명인간

종강의 기쁨을 나눌 수가 없다
강사료 없는 방학을 걱정할
가족이랑 나누기도 그렇고
성적 걱정이나 하고 앉은
학생들과 나누긴 더더욱 그렇고
조용히 숨만 쉬고 있다가 다음 학기에 봐요
하고 있는 것 같은 학교 본관 교기나
재단 이사들이랑 나눌 수도 없고
동료 강사나 교수들은 더더욱 그렇고
이 시간에 반갑게 전화를 받아 줄 인간들도 없고
저 오늘 종강이에요!
대설이라니 울먹거리는 하늘에나 대고 속삭여본다
눈송이 몇 날린다
됐다 그럼 됐다
괜찮다 괜찮다 다 괜찮다

대한민국에 사는 세 가지 기쁨
―지젝과의 비교 고찰을 통한 상대적 우울함

영원히 이루지 못할
정규직에 대한 꿈이 있고

언제나 욕할 수 있는
타자로서의 대통령과
국회의원 같은 정치인
재벌 공무원 관료가 있고

동경의 대상일 뿐인
다른 선진국이 있다는 거

대학지도 大學之道

 대학의 도는 뻔한 이치를 밝히고 상식을 회복하여 정규직과 강사의 신분을 새롭게 하며 그리하여 지극히 상식적인 수준에 도달하게 하는 것에 있는 것이 아닐는지요 고로 대학의 도는 정규직 교수의 월급을 깎아서라도 대학 수업의 50% 가까이를 감당하고 있는 비정규직 강사의 월급을 정규직 교수의 50% 정도는 될 수 있도록 올려주는 것에 있을지도 모르지요 정규직의 10% 안팎을 맴돌고 있는 현재의 강사료는 전혀 인간의 기본적인 도리가 아니외다 이 나이에 연봉 천만 원도 안 된다니요 식민지 시대 소작제도도 이보다는 나았으니 이러고서야 독립한 보람이 없지 않겠어요 무릇 대학의 도는 국가가 사회가 그리고 재단이 능력이 안 되면 정규직 교직원들 스스로 입 닥치고 굳은 몸을 일으켜 자신들의 월급통장을 털어서라도 비정규직과의 최소 형편을 맞추는 데 있지 않겠는지요 감히 그러지도 못할진대 그대들의 도는 소소한 소학의 도도 전혀 아니외다, -할! 아니 헐?!

대학강사 삼애三哀

―먼저 공자에게

배우고 때로 익혀도 살아생전에 정규직 교수가 될 일이 까마득하니 또한 슬프지 아니한가

함께 공부한 벗이 있어 지천명이 넘도록 그 또한 서푼짜리 시간강사를 면하지 못하고 있으니 이 또한 슬프지 아니한가

세상 사람 모두가 내 처지의 곤궁함을 알고 있으나 정작 본인만 애써 모른 척하고 있으니 이 또한 더더욱 슬프지 아니한가

―그리고 맹자에게

부모형제 처자식이 다 멀쩡히 살아 있음에도 불구하고
돈벌이를 제대로 못 하는 거

하늘을 우러러도 분노가 치밀고
땅을 굽어봐도 저 홀로 태평한
정규직 교직원만 봐도 분노가 치미는 거

천하의 영재를 얻어 가르쳐도
하나도 즐겁지 아니한 거

사정이 이러한데도 너라면 즐겁겠냐?

―공자 답 왈

제자백가가 한때 다 비정규직이요
갑질의 역사도 유구한 것이니
끝까지 참고 사는 게 유가의 도다

―맹자도 답 왈

난 좀 아니다
항산이 없으니 항심은 무슨 개뿔

여보 당신은 정말 좆도 아닌가 봐요

대학 적폐

이십 년 강사 노릇에 내가 치를 떠는 것은
내내 오르지 않는 강사료
무일푼의 방학
퇴직금도 연금도 없는 그 야만 때문만이 아니다
수업 시간이 될 때까지 강의실 주변에서 적당히 서성이다가
강의가 끝나면 꺼져버리라는 식으로
수십 년간 강사들을 노숙 교육자로 만들어온
이 나라의 대학들이 연구실은커녕
초중고교 교무실처럼이라도 책걸상 하나 주지 않고
어쩌다가 교수 휴게실에 강사자 하나 겨우 얹어서
이러면 됐지 하는 식으로 면피해온
너희들의 소행이 괘씸해서 그런 것만도 아니다
자기가 몸담고 있는 학내의 비정규직 문제에는 눈 딱 감고
대기업 하청 문제가 어쩌고
비정규직 문제가 어쩌고 떠드는 정규직 교수들의

그 어처구니없는 언설이나 주장이 밥맛이 없어서만도 아니다
강사들 임금 문제에 대해선 언급하지 않는 것이 학교 전통이라는 말을
엊그제 보직 교수에게서 들어서만도 아니다
강사의 가난이 저들의 안정과 부의 원천이란 사실을
몰라서 지금 이러고 있는 것도 아니다
이제는 더 이상 이 모든 것을 감내하고서라도
얼굴을 붉히지 않고 아무 일 없다는 듯이
시나 소설을 학생들에게 떠들고 있을 자신이 없어서
학교와 동료 교수 그리고 학생들을 미워하지 않고
나 자신을 미워하지 않고
차마 교단에 설 수 없어서
이제는 더 이상 말도 나오지 않는 내가 나에게 분노하는 것이다
찍소리 못하고 그동안 매 학기 강사 계약서에 서명해 온 내 자신이

미워서, 용서할 수 없을 것 같아서

그 분노마저 사라지기 전에 가까스로 치를 떨어보는 것이다

제2부

전설 따라 삼 센티

만리장성과 피라미드
―동북공정을 생각하며『환단고기』를 읽는 밤

　진나라의 장군 몽염이 환관 조고가 위조한 진시황의 칙서를 받고 죽었을 때 그는 이미 임조에서 산해관까지 만여 리에 달하는 장성을 이어놓은 상태였다. 몽염이 죽고 진나라가 망한 후에도 그 후손들은 계속해서 성을 쌓았다. 동으로는 산해관을 넘어 요서 요동을 지나고 평양과 한양까지 내려갔다가 다시 북으로 만주 길림성을 거쳐 하바로브스크에서 스타노이 산맥을 넘어 오오츠크 마가단 기지가 츄코트반도까지 올라갔다가 다시 캄차카반도로 내려와 알류샨 열도를 건너 알래스카반도 앵커리지 밴쿠버 시애틀 아래로 아즈텍과 마야 잉카를 지나 리마 산티아고 오소르노산 그리고 오스테 섬까지. 서로는 고비 사막을 가로질러 우루무치 악토가이 옴스크 튜멘 모스크바 민스크 리가 베를린 암스테르담 마드리드를 돌아서 바르셀로나 마르세이 제노바 로마 시라쿠사를 잠시 거쳐 다시 산마리노 자드레브 포드리고치 아테네 소피아 이스탄불 키시네프 크림반도를 지나 그루지야 예루살렘 카이로 트리폴리 알제 오랑 서사하라 사막을 건너 바마코 리브르빌 루안다 케이프타운 더반을 돌아 릴롱궤 나이로비 아디스아바바 하르툼 기제를 지나 다시 아라비아반도를 가로지르고 바빌론을 휘돌아 바그다드와 카불을 지나고 물탄과 수라트 비자야와다 잠세드프르 다카를 지나 양곤 쿠알라룸프를 휘돌아 다시 방콕 프놈펜 호찌민을 돌고 하노이 광저우 홍콩을 지나고 항저우 상하이를 지나 난징을 거쳐 다시 북경의 천안문에 도달하는 거대한 장성을 꿈속에서도 쌓고 또 쌓았다. 중국인들이 가는 데마다 동이족의 후손들이 피라미드를 쌓고 하늘에 제사를 지내고 있어서 중국인들은 또 성을 쌓고 또 쌓을 수밖에 없었다는 기막힌 얘기. 점과 선의 대결. 국뽕은 어디서나 취한다.

조선뉴스 1
−기사인 듯 기사 아닌 기사 같은 기사

　박근혜 대통령은 국무회의에 이어 오늘 오전 청와대 영빈관에서 여당 내 진박인사들과 종편 기자들을 모아 놓고 노동자 해고의 유연화와 비정규직 확산을 골자로 한 민생 법안인 노동개혁법을 국회에서 조속히 통과시켜 일자리 창출을 통해 청년 실업 문제를 해결하고 가슴이 메마른 청년들의 가슴에 막무가내 불을 지펴 저출산 문제를 아울러 해결해야만 하는 국가비상사태에 직면하여 민생법안의 직권상정을 강력히 촉구하시며 복면 시위를 일삼는 테러리스트들의 비국민화와 강력한 처벌을 대내외적으로 공표하는 한편 이를 반대하는 사람은 혼이 비정상인 종북좌파들뿐이라고 혼을 실어 진실하게 말씀하시었다

조선뉴스 2
―진상조사인 듯 조사 아닌 조사 같은 조사

16차례에 걸쳐 서울 시내 한복판과 오산 기지에서 시행된 주한미군의 탄저균 및 페스트균 실험은 지난번 메르스 사태나 북한의 화생방 공격 등과 같은 불시의 바이러스 공격 및 감염 사태 등과 같은 공황장애에 대비하기 위한 실험적 차원의 기본적인 예비조치라고 한미실무단은 공공연히 밝혔다 이로써 한미동맹의 확고한 공생 공멸의 혈맹적 관계를 다시 한번 확인하는 계기가 됐으며 소파에 문제가 없음을 아울러 확인했다 또한 소파는 가구가 아니라 친미파들의 지혜가 집약된 절대 과학임을 재확인했다

조선뉴스 3
−정치인 듯 정치 아닌 정치 같은 정치

 김무성 새누리당 대표는 박원순 서울 시장의 청년수당 정책이 악마의 속삭임이라고 입에 거품을 물고 비판했다 또한 성남시 이재명 시장의 청년 배당 정책과 공공 산후조리원 정책도 전형적인 포퓰리즘 정책으로써 이런 식의 선전선동 정치는 아주 질 나쁜 정치라고 말씀하시었다 아울러 대표께서는 정부와 여당이 강력히 주장하고 있는 기간제 근로자들의 비정규직 연장 법안에 반대하는 것은 결과적으로 비정규직의 고용을 불안케 하는 것으로서 노동법 국회 통과에 반대하고 있는 야당은 민폐세력이라고 일갈하시었다 내 정책은 민생 정치고 니 정책은 악마의 속삭임일 뿐이라고 명확히 선을 그어 말씀하시니 종편과 조중동은 오늘도 혼이 나가도록 맞장구치시었다

조선뉴스 4
―역사인 듯 역사 아닌 역사 같은 역사

 친일도 독재도 긍정적으로 포용하는 자세가 필요합니다 이를 부정적으로만 보는 것은 역사가 아니며 혼이 정상이 아닌 겁니다 친일과 독재를 비판하는 역사는 모조리 좌경화된 역사 인식이며 이러한 교과서를 집필하는 역사학자들도 90%가 좌빨인 거라고 대통령 여당 대표 종편 및 조중동은 일치된 목소리를 냈습니다 이들은 한목소리로 친일과 독재가 없었다면 오늘의 '우리가' 어떻게 있었겠냐며 부모님이 물려주신 부와 권력을 음해하는 세력들이 집필한 역사교과서로 어린 학생들을 가르칠 수 없다는 데 동병상련 이심전심으로 의견의 일치를 보고 역사를 한 목소리로 가르쳐야 한다는 데 이견이 있을 수 없다고 대대적으로 그리고 지속적으로 보도했습니다 이거 영 우리 조선스럽습니다

조선뉴스 5
–국민인 듯 국민 아닌 국민 같은 국민

 윤병세 외교부 장관과 기시다 후미오 일본 외무상은 오늘 28일 위안부 문제 해결을 위한 외교장관 회담을 시작하여 위안부 문제에 대한 일본 정부의 매일 비슷한 책임 통감 법적 책임은 아니고 아베 신조 일본 총리의 무늬만 사죄와 반성을 대신 표명하고 한국 정부가 위안부 지원 재단을 설립하면 일본 정부에서 재단에 10억 엔을 지원하는 것으로 위안부 문제를 최종적 불가역적으로 정리한다고 발표 10억 엔은 우리나라 돈으로 약 96억 7500만 원가량 된다는데 돈 몇 푼 받고 퉁 칠 걸 대통령 아버지 기념관 세우는데 들어가는 돈의 몇 분의 일도 안 되는 그 돈 받아내려고 몇십 년 동안 시끄럽게 뭔소리들 한 건지 모르겠는데 버락 오바마 대통령은 7일 일본군 위안부 협상 타결을 놓고, "정의로운 결과를 얻어낸 박근혜 대통령의 용기와 비전을 높이 평가한다"고 가쓰라-태프트 밀약 때처럼 남의 일이니까 지극히 형식적 객관적으로 말했다고 청와대가 굳이 밝히기까지 하는 마당에 반기문 유엔사무총장도 대통령께 전화를 걸어 역사적인 용단에 경의를 표하신다고 유엔식으로 남의 나라 일처럼 말씀하시고 여당 대표도 역사상 가장 성공적인 협상이라고 여당식으로 또 말씀하시는데 왜 내가 받을 돈을 저희들이 받고 없던 일로 하자고 한 것처럼 내 기분이 더러운지 모르겠어요 난 이 나라 국민이 아닌가 봐요 내친 김에 그냥 아닐까 봐요

조선뉴스 6
―눈물인 듯 눈물 아닌 눈물 같은 눈물

　오바마는 총기사고로 죽어가는 자국의 어린아이들 때문에 눈물을 흘릴 때 딴 나라 대통령께서는 이왕지사 죽은 아이들은 죽은 아이들이고 지금 그게 문제가 아니고 국회가 내 말을 안 듣는데 나나 정부가 뭘 더 어떻게 하냐며 울먹이시고 이게 다 내 탓 아닌 니 탓인데 그러면서도 욕먹더라도 뭘 또 끝까지 하시겠다는데 보는 국민의 한 사람으로서 정말 눈물 나는데 모욕감에 분노에 결국엔 절망감에 눈물 나는데 탄핵소추라도 하고 싶은데 뭔가 잘못돼도 한참 잘못됐는데 아무리 생각해도 당신은 아닌데 그 자리에 있어야 할 사람이 정말 아닌데 세월은 가도 상처는 남는데 어쩌자고 어쩌자고 자꾸만 어쩌자고 지 상판대기가 국가 아니 국격이랍시고 그것만 신경 쓰는지 아니 쓰셨는지

조선뉴스 7
―대학인 듯 대학 아닌 대학 같은 대학

 10년 넘게 제자리걸음인 강사료 좀 올려달라고 했더니 150분짜리 수업을 100분으로 줄이시고 강사들을 위해선 원래 단 한 푼도 더 쓸 수 없다고 굳이 강하게 어필하시고 교육부 프라임 사업엔 저마다 발 벗고 나서시고 일간지 대학 평가는 열심히 신경 쓰시면서 비정규직 처우 문제는 아예 눈 딱 감으시고 점잖으신 교수님들께선 정규직인 내 월급은 정당하거나 아무리 생각해도 조금 더 받아야 할 것 같고 비정규직 강사료는 그것도 과분하거나 억울하다면 노력해서 전임이 되면 될 일이니 별거 아니라고 통 크게 생각하시고 인문학이 위기란 말은 잘도 떠들어대면서 정작 자신들이 말도 안 되는 비인문학적인 착취구조 위에 기생하고 있다는 사실은 애써 외면하시거나 뭐가 문제인지도 아예 모르시고 세상 다 썩고 저 혼자 잘난 척하다가도 제 목줄 달린 학내 비리엔 눈 딱 감으시고 내 뜻은 아니지만 돈 되는 학과가 아니면 폐과가 정답이고 그럴 수도 있고 뭔가 돈이 될 만한 창조적인 학과를 만드시라니 그렇고 그런 학과 들을 조립하여 국산한우바이오국제유통정보경영테크닉기계금속창작에너지건축창조컨텐츠물리토목방목글쓰기미래학과를 만드시니 제일 많이 배운 인간들만 모아놓은 두뇌집단이 이 모양으로 인텔리젠트하게 야만인데 뭘 또 믿고 기대하겠어?

조선뉴스 8
―동맹인 듯 동맹 아닌 동맹 같은 동맹

  북한의 김정은이 사정거리 5500킬로미터 이상(12000킬로미터)을 날아갈 수 있는 대륙간탄도미사일 광명성(인공위성?)을 발사하자마자 몇 시간 만에 한·미 양국은 사드의 한반도 배치 논의에 전격 합의하시고 일본의 아베는 적극적인 대북제재를 재천명하시는 동시에 일본의 군사력 강화 명분에 날개를 더 다시니 조·미·일 공조와 한·미·일 공조가 톱니바퀴처럼 잘 맞아 돌아가네요 나아가 총선 대선 쭉 이어져 세월호 메르스 위안부 협상 원샷법 다 덮고 태평성대를 내내 구가할 듯하니 흐뭇해할 인간들이 눈에 또 선하네요 이 모든 게 역군은이샷다 아니겠어요 위덩더둥셔 아으 다롱디리

조선뉴스 9
-독립인 듯 독립 아닌 독립 같은 독립

친일로 세운 나라 친미로 완성하자!

한국 정당 근친사와 노안

친박인지 진박인지

탈박 돌박 반박 비박 원박 올박 쪽박

다 모르겠고

네가 친박이라고 쓸 때

나는 자꾸 천박이라고 읽는다

노안이란 이런 거다

전설 따라 삼 센티

 대통령이 정말 나라를 사랑하는지도 모른다 그 대통령의 아버지도 구국의 일념으로 만주 군관학교에 입학했고 혈서까지 썼다는 사실을 삼척동자도 다 알고 있는지 모른다 대한민국을 정말 사랑해서 말 안 듣는 인간들을 좀 족쳐서라도 한국적 민주주의까지 했는지 모른다 근대화 산업화 도시화한다고 다 망쳐놓은 농촌을 시멘트로 바르고 발암물질인 석면 슬레이트 지붕으로 전국을 뒤덮어서 잘살게 한 것이 정말 그분의 은덕인지도 모른다 여당 대표의 아버지도 정말 나라를 사랑해서 남들보다 더 열심히 군용기를 헌납하고 도의원까지 했는지 모른다 모르는 것은 나와 당신뿐 이미 진실한 사람들은 다 그 사실을 알고 있는지도 모른다 대통령의 가오가 살아야 국민이 쪽팔리지 않고 여당이 살아야 야당이 살고 기업이 살아야 비정규직도 하청에 하청이나마 해 먹고 산다는 게 진리인지도 모른다 인재는 영남에서만 나오고 영남이 잘돼야 온 나라가 잘된다는 것이 영원불멸의 이 나라 정치 문법인지도 모른다 사라진 7시간 동안 천기누설을 하면 안 될 만큼 대통령은 숨어서 나라를 위해 온몸으로 기도를 하고 있었는지도 모르고 아이들은 배 밖으로 나오라고 했는데도 불구하고 원래 삐딱해서 간이 배 밖으로 나와서 말을 듣지 않은 것인지도 모른다 제국의 위안부는 제국의 군인들과 정말 동지적 관계였고 실제 그런 일을 즐겼는지도 모르며 강간당하는 여성들도 섹스가 나쁘지만은 않은지도 모른다 역사학자의 90%가 정말 좌편향인지도 모르고 현재의 역사교과서가 그래서 당연히 좌 편향된 교과서인지도 모르겠다 일제의 식민 지배가 모든 조선인에게 다 나빴던 것만은 절대 아니며 식민지 경제가 약탈 경제가 아니었는지도 모른다 국부 이승만이 정말 우리 모두의 생물학적 아버지란 사실을 온 우주가 알고 있는데 나만 모르고 있는 것인지도 모른다 그리고 태초에 말씀이 있었으니 그 말씀을 최초로 기록하고 방송한 것이 조중동과 종편일지도 정말 모른다 이렇게 말도 안 되는 걸 시라고 쓰고 있는 나는 영어공용화론자이거나 주체사상을 싫어하고 삼대 세습

을 역겨워하는 종북좌빨인지도 정말 정말 모른다

SK

늘 그 빨간색 간판과 회사 이니셜이 예사롭지 않았다
회장님이 성경책을 옆에 끼고 교도소 밖을 나설 때도
더 이상 자기 자식을 음지에서 살게 할 수 없다고 비장하게 말씀하실 때도
SK 기름을 넣은 내 차가 옆 차들과 자꾸 비비적거릴 때도
성경책 옆에 끼고 첩질한다는 소리가 유행할 때쯤에도 그저
가톨릭은 루터 이후 2차 종교개혁이 필요할 때가 되었지 싶었다
Sex Korea 회장 만세
본처와 첩이 조화롭게 살 수 있는 세상을 꿈꾸며
창조 한국의 미래를 매일 그대와 함께
SK 기름 SK 이동통신 이름으로
이 회장 저 회장 회장님들은 늘 예사롭지 않아 좋았다
지켜야 할 가정이 한둘이 아니니
반 본처 패권주의 반 본처 이기주의 깃발 높이 드시고

못 서자들의 벗
첩들의 희망
SK 기름 가득 넣어주세요 저도 힘껏 달려볼게요
우리 솔직히 노력해 보아요

사는 게 늘 예사롭지 않다
아들아, 니 엄마가 누구든 우리 지금부터라도 비범하게 살자

창업론
―SK 최태원 회장을 위한 변론

 환웅이 환인의 서자가 아니었다면 하늘에서 태백산 신단수 아래로 내려왔겠으며 주몽이 본처의 자식이었다면 부여를 버리고 고구려를 건국했으리오 또 온조와 비류가 주몽의 본처 자식이었으면 고구려를 떠나서 백제를 세웠겠는가 박혁거세와 수로가 버림받은 자식이 아니었다면 한 나라의 건국 시조가 될 수 있었을까 제도권 안의 본처 자식은 이미 가진 걸 지키기에 급급한 자들이니 창업보다는 수성이라 본처 자식은 제 부모로부터 물려받을 것에만 신경을 쓸 터 창업은 제도권 밖에서 낳은 자식에게나 기대해야 하겠지 그만그만한 본처 자식들보다 제도권 밖의 벤처 자식을 기다리고 위하는 그대 마음을 알 듯도 하고 서자를 박대하는 사회는 건강한 사회가 아니니 건강하게 낳지 못한 자식 건강하게 지키고자 하는 마음도 알 듯 말 듯 희망이 보이지 않을 땐 첩과 서자들에게 우리 기대해보아요 새 나라 새 일꾼 그런데 말입니다 이게 다 자식들에게 편법 상속을 하기 위한 개수작들은 아니지요

켈로KLO 아저씨의 죽음

왕년엔 수시로 38선 넘나들었다던
켈로부대Korea Liason Office 켈로 아저씨도
지난 IMF 때 사업체 망하고
자식새끼들에게 남은 돈 탈탈 털리고
황해도 해주든가 휴전선 너머 고향엔 다시 못 가고
파주 이 촌구석 길가에 잠시 앉았다가
그 자세로 그냥 죽었다
자본은 조국도 분단 내고
부자간도 결딴내고
녹슨 경의선 철길 옆 그저 한 줌 재가 되고
북파공작원도 남파간첩도
그냥 바람으로나 스쳐 가는 통일로
파주 한수 위

불신 지옥
―뉴스 혹은 드라마나 영화가 우리에게 가르쳐준 거

경찰이 주인공이면 FBI는 바보가 되고
FBI가 주인공이면 경찰이 바보가 되고
탐정이 나오면 다시 경찰이
검찰이 주인공으로 나오면 또 경찰이
경찰이 주인공이면 검찰이
선생은 학생 앞에
너는 내 앞에
나는 네 앞에
모두가 죄인이고 바보인 세상
다시 말하지만 경찰을 믿겠어
검찰을 믿겠어 판사를 믿겠어
그렇다고 어마무시한 국정원을 믿겠어
국회의원이나 구청장 시장을 믿겠어
그렇다고 시의원이나 동장 리장을 믿겠어
대통령을 믿겠어 비서관들을 믿겠어
학교를 믿겠어 그렇다고 정말 학원을 믿겠어
돈 벌 생각으로 학교 하는 거 아니라는 재단 이사장을

교수나 학교 교직원을 믿어
돈이나 주고받는 교육감을 믿겠어
그렇다고 영악한 학생이나
지 새끼만 아는 학부모들을 믿어
대기업 회장님을 믿어
중국산을 믿어
국내산이라고 한들 그걸 또 믿겠어
그렇다고 미친 척 방송이나 신문을 믿겠어
세상에 믿을 놈 하나 없다는 거
이미 국민 상식 아닌가

가만히 있으리
—세월호 앞에서

세상의 모든 불의 앞에
가만히 있으리
당신이 죽어도
내가 죽어도
가만히 있으리
우리는 원래 정적인 민족
가만히 있으리
당신이 온갖 육갑 지랄을 해도
가만히 있으리
자자손손 큰 나라의 속국이 될지라도
당신이 또 나라를 팔아먹어도
가만히 있으리
나라가 망하고
산과 들이 작살이 나도
세상이 온통 물에 잠기고
하늘이 무너지고 땅이 꺼져도
가만히 있으리

절대 가만히 있으리
역사는 역사
너는 너
나는 나
세상의 온갖 거짓 앞에
가만히 있으리
마구 처먹다 니들 배 터져 죽어도
절대 가만히 있으리

세상, 참

창비든 문지든 그 계절의 해당 호를
제때 읽지 못하고 있으면
뭔가 중요한 작품이나 문학사적 사건
혹은 현상을 놓친 것이 아닌가
불안하던 시절도 있었다

대통령이나 국회의원 장관
하다못해 교수씩이나 됐으면
뭔가 남다른 면이 있는 인간이겠거니
생각했던 시절도 있었다

내가 늙어서도 세상이 변해서도 아니겠지만
어느샌가 읽어도 그만 안 읽어도 그만인 책들과
그 자리에 오르는 동안 남보다 더 많은
편법과 탈세 의무 기본 무시한
인간들을 앞에 두고 있는 어마무시한 시절이라니

그게 다 낡은 논어 맹자를 다시 읽고 있어야 하는 이유고

고전이 영원히 고전인 이유라니

3부

여자들

모든 주어는 미친년

미친년이 그러대?

미친년이 그랬어 봐?!

미친년이 하자고 하면 금방 할걸?!

미친년이 시켜도 그럴까?!

미친년이 가져다 달라면 금세 가져다줄걸?!

미친년이 먹으라면 독약이라도 먹지?!

미친년이 사달라면 다 사줄걸?!

미친년이 놀러 가자고 하면 어디든 갈 거지?!

미친년이 오라면 눈 깜짝할 사이에 달려갈 거잖아?!

미친년이 하지 말라고 해도 할까?!

미친년이 싫다고 해도 할 거야?!

미친년이 --------------------------

글쎄 미친년이 --------------

미친년 ---------------

미친년 ------------

미친년 --------

그날 이후 여자의 모든 주어는 미친년

바람이 전하는 말
—진파리 1호분 청룡도/수목 현무도 비운문 연화문

고구려는 바람이었구나
알단고원
흥안령 넘어
멸악산맥 이북에 부는
북방의 바람이었구나
구름도
연꽃도
호랑이나 청룡도
사슴도
달리고 날리는
산도 물도 출렁이는
바람이었구나
천오백 년 전 무덤 속으로 숨어들었다가
다시 동서남북 휘몰아치는
사라진 바람이었구나

개와 늑대의 시간

이 시간엔 아무도 나를 떠나지 말아라
나무가 밀려난 산등성이 너머나
비정한 도시의 건물 사이로
해가 넘어가고 나면
이 도시의 무너진 골목골목 사이로
불안전한 너와 나 사이로
어둠이 스멀거리며 다가오겠지만
집으로 돌아가던 자도
아직 거리를 떠도는 자도
지금은 잠시 아무도 나를 떠나지 말아라
그리고 술잔을 들어 이 도시를 적셔라
내가 그리고 네가 바라던 세상이 아니었으니
모두 잊어도 좋으리
어차피 제정신이 아니었으니
망각의 술잔에 몸을 실어라
내일은 또 내일의 태양
내일은 또 내일의 어둠

낮도 아니고 밤도 아닌
밝음도 아니고 어둠도 아닌
개도 아니고 늑대도 아닌
지금 이곳에서 맘껏 짖어라
술잔을 들어라 고개를 쳐들어라
온몸을 뒤흔들어라
그리고 이 시간엔 절대 다시
아무도 나를 떠나지 말아라

여신
—실비아 크리스텔(1952~2012)

한때 모든 남자들의
개인교수였고
마타하리였고
애인이었던 사랑스런 여자
거룩한 여자
엠마뉘엘
어쩜 죽은 날도
시월 십팔일
오래된 계시다

# 여배우들의 수다
—어떤 계보

1대 애마
2대 애마
파리 애마
산딸기 1 2 3

먼저 벗어본 선배(들) 왈
요즘만 같았으면 제대로 벗을 수 있었을 텐데

요즘 막 벗기 시작한 후배(들) 답 왈
어려운 여건에서도 꿋꿋하게 벗은 선배님(들) 덕분에
이젠 떳떳하게 벗을 수 있게 됐어요

이구동성으로 합 왈
그래, 기회 있을 때마다 열심히 벗자

아름다운 밤이에요

적멸

외할아버지 朴.壽.岩
물구덩이 칠성판 위에서
검게 썩어가던 파묘 전날
둘째 이모 꿈속에 나타나
상여 위에서 요령 흔들며 가던
풀 먹인 하얀 한복 입고
묘 앞에서 빨래하던 이모 꿈속 여자의 남편
혼자선 저승길조차 여의치 못했던 남자
영구 이별이다

살아생전에 얼굴 한번 보지 못한
외할머니 柳.상.례
돌아가신 지 오십칠 년 만에
묘를 파보니
뼈 한 조각 없다
완전 적멸이다
티끌 하나 남기시지 않은

완전한 하세

그 여자 만남도 이별도 애초에 없었다

오래된 여자
―형수에게

오늘도 나와 네가 밥을 먹는 세상에
그녀는 없다
나와 네가 살아서 사소하게 껄떡거리는
이 세상에 이미 그녀는 없다
청춘의 한때도
미소도 눈물도 흔적조차 없다
오늘도 아무렇지 않게 귀가하는 골목길에
그녀는 없다
그를 데려간 건 세월이 아니다
나도 아니고 너도 아니다 그러나
오늘도 나와 네가 살아서 습관처럼 마시는 술자리에
그녀는 없다
안주발도 청승맞은 노래도 없다
오늘도 내가 살아서 주먹질하는 하늘 아래
그녀는 없다
나와 너라고 할 수 없는 네가 없어야 할 자리에
나와 너는 있고

그녀는 이미 없다
오늘도 툴툴거리며 걷고 있는 시내 한복판에서도
안부조차 물을 수 없고
대문 앞에도
냄새나는 식탁 앞에도
그녀는 없다
오래전의 그녀는 없다
오늘도 나와 네가 살아서 시시하게 숨을 쉬는
사소한 이 세상에

위대한 설계

머리론 우주를
우주의 기원과 끝을
우주의 동쪽과 서쪽을
우주의 남과 북
존재의 기원과 원인을
쿼크에서 다중우주
빅뱅과 블랙홀을 얘기하는
스티븐 호킹도 마누라 머릿속은 오리무중인지
맞고 산다는 소문이다
이 우주의 가장 복잡한 창조물, 여자
아니 마누라
위대한 마녀
블랙홀 중의 블랙홀
평행우주 같은 다중우주
은하계 속의 은하계
나는 오늘 또 하나의 우주를 경험한다
날마다 날마다

우리 집 여자도 팽창한다

* 스티븐 호킹(1942~2018)은 아인슈타인의 생일인 지난
  3월 14일 세상을 떴다. 그는 살아서 이 시를 보지 못했다.

어머니
―고 이소선 여사(1929~2011)

아들이 죽기 전
한 아들의 어머니였고
아들이 죽은 후
만인의 어머니가 되었고
자신의 죽음 후엔
한 시대의 어머니
역사의 어머니가 된 여자
대한민국 어머니
이소선

아내 변천사

술 잘 마시는 착한 후배
남편 군대 보내고 혼자서도 씩씩하게 잘 지내는 새댁
알아서 애 잘 낳고 잘 키우는 애들 엄마
술 마시고 늦어도
아무 말 안 하는 현명한 아내
시부모랑 한집에 살면서도 잘 참고 사는 아내
남편 해직되고부턴 실질적으로 가장이 된 아내
어느 순간부터 코도 마구 골고
집에서 담배도 마구 피우는 아내
하루라도 술을 거르면 입에 가시가 돋는 아내
학교 일이 항상 바쁜 아내
바쁜 만큼 흰 머리가 날로 늘어나는 아내
할 일 없이 괜히 이혼도 안 해주는 아내
은근슬쩍 이젠 종교가 된 아내
그리하여 옆에 누워 있어도 항상 위에 계신
개종도 못 하고 신앙이 된 아내

지금 한국 여자들은 클라이밍 중

어느 날 오후의 북한산 인수봉
빌라에서 여정길
온통 절벽에 달라붙은
아, 대한민국의 여자여!
절벽에 매달린 자만이
절벽에서 손을 뗄 수 있다!

호우 시절

삼십일 동안 장마 삼십일 동안 가뭄
삼십일 동안 사랑 삼십일 동안 잠수
삼십일 동안 삽질 삼십일 동안 탄식
삼십일 동안 이별 삼십일 동안 미팅
삼십일 동안 금주 삼십일 동안 폭음
삼십일 동안 금욕 삼십일 동안 호색
삼십일 동안 희망 삼십일 동안 절망
삼십일 동안 침몰 삼십일 동안 부상
삼십일 동안 회의 삼십일 동안 믿음
삼십일 동안 종북 삼십일 동안 반북
삼십일 동안 극좌 삼십일 동안 극우
삼십일 동안 친박 삼십일 동안 친노
삼십일 동안 친미 삼십일 동안 친중
삼십일 동안 숙면 삼십일 동안 불면
삼십일 동안 지랄 삼십일 동안 또 발광

본처의 나라

옛날 우리나라 건국 영웅들은
첩의 자식이었거나
주워온 자식들이었다
본처와 본처 자식들의 핍박과 멸시에 쫓겨
집을 나가 천하를 주유하다
나라를 세우고 태평성대를 열었다
모름지기 세상은 그런 자들이 만들거나
그런 자들의 것이었다
본처 자식들이 대물려 행세하고
본처 자식들이 대물려 다 차지하고
본처 자식들이 아버지에게 이르고
본처 자식들이 아버지 행세하고
본처 자식들이 아버지의 아버지 노릇을 하고
본처 자식들이 말아먹는
그런 세상이 아니었다
본처 자식들의 탐욕과 이기심
오만과 몰염치

편견과 밴댕이 소갈딱지 같은 심보가 지배하는
그런 세상이 아니었다
첩이나 사생아들이 세우고
본처 자식들이 대물려 삽질하는
나라에 사는 일이라니
본처 자식들이 하는 일이라니, - ㅋㅋㅋ
너도냐?

한국 드라마 시청기

본처 자식들이 다 그렇지 뭐

한국 여자는 성장 중

 한국 여성들의 체형이 서구화되면서 키는 물론, 가슴 크기도 예전보다 커졌다는 조사 결과가 나왔다. 속옷 전문기업 좋은사람들은 지난 2달간 여성 고객 4000명을 대상으로 가슴 크기를 측정한 결과, 가슴 크기가 A컵인 고객의 비율은 2014년에 비해 5% 줄어든 반면, C컵 이상의 비율은 9% 증가했다고 4일 밝혔다. 특히 10~20대 젊은 여성 고객 가운데 C컵 이상 비율이 15% 증가한 것으로 조사됐다. 이런 흐름은 실제 매장의 속옷 판매에서도 드러났다. 올 상반기 좋은사람들의 전 브랜드(보디가드·예스·리바이스·바디웨어·섹시쿠키·제임스딘·퍼스트올로) 매장에서 C컵 이상 브래지어 판매율은 2년 전 같은 기간보다 약 21% 늘었다. 20대 젊은 층을 위한 브랜드 '예스'와 30대를 겨냥한 브랜드 '보디가드'의 C컵 판매는 각각 24%, 18%로 증가율이 가장 컸다. 조준의 좋은사람들 마케팅팀 과장은 "서구화된 식습관으로 인한 체형 변화, 가슴 성형, 속옷 사이즈에 대한 관심 증가 등 여러 가지 이유로 C컵 이상 사이즈의 속옷을

찾는 고객들이 지속적으로 증가하고 있다"고 말했다. 실제 한국 여성의 평균 신장은 지난 100년 사이 세계 200개 국가 중 가장 가파르게 성장한 것으로 나타났다. 엘리오 리볼리 영국 임페리얼칼리지 공중보건학장 연구팀은 전 세계 200개국 남녀의 평균 신장이 지난 100년간 (1914~2014년) 어떻게 변했는지 분석한 결과, 한국 여성의 평균 키는 지난 100년간 142.2cm에서 162.3cm로 20.1cm나 커졌다. 200개 국가 중 가장 큰 변화폭을 보인 것이다. 100년 전 200개 국가 중 5번째로 작았던 한국 여성은 이제 55번째로 크다.

Copyright ⓒ 조선일보 & Chosun.com

2016. 8. 4.

그래서 좋냐?

소설가 아무개 식으로 말하자면 여자는 겨레의 기쁨이요 보람인가?! ㅋ

시골 가로등

불 꺼진 마을
가로등 혼자 고군분투다

어둠 속 불빛
내 가슴 속 빈 구멍
취객 하나 가로등 전봇대 잡고
한참 거름질 하고

그 힘으로 밤새 다시
불꽃이 핀다

누구에게나 자기만의 바다가 있다
—동재에게

김성수

그때 주문진 앞바다는
치기 어린 청춘들을 품고 밤새
뒤척였겠지.

오늘 하조대 앞바다는 어떤가.
네 마음의 암벽을 안다는 듯이
하얗게 부서지는 포말

동해 바다에서 소래 바다로 가며
문득 깨닫는다.

친구여 그렇다.
누구에게나 자기만의 바다가
있다.

—2017. 10. 27.

안인마을에서
―성수에게

가을밤 ☾
창문을 열어놓고 잤더니
밤새 파도 소리에 난타당해
시퍼렇게 단련된
내 ― 몸
   깊
〰|〰
   다

―2017. 10. 28.

수평선

직선인 듯 곡선이고
곡선인 듯 직선인
저 단호하고 단정한 이분법

평등

살아가는 동안 죄를 짓고 또 지어서
위로 아래로 닳아가는 거
그리하여 저 아래에서 너 나 없이 하나가 되는 거
죄 앞에 평등

어떤 이별

어떤 이별은
강북과 강남 서울과 지방
이 섬과 저 섬
태평양과 대서양 지중해
간혹 이 행성과 저 행성 사이에 걸쳐 있고

또 어떤 이별은
아침과 저녁
어제와 오늘
지난달과 이번 달
올해와 지지난해
혹은 수십 년에 걸쳐 있고

다시 어떤 이별은
이승과 저승에 걸쳐 있어서
저마다 저마다의 이름을 부르며
그리워하고
울부짖고

4부

변두리 문단

황금시대

심심하니
목월의 시를 읽는다
열 편 스무 편에 한 편꼴로
어쩌다 괜찮은 시 하나씩 쓰고
정말 시인들처럼 살았구나
모두가 촌스럽게 가난해서
행복했던 시의 시대여
시인이여

시단 詩壇
—文人相輕

너무 많아도
서로가 서로를 잘 알아서
잘 알 것 같아서
안다고 생각해서
서로서로
알음알음
우습게 보는 사람들의
즐겁고도 난삽한
안하무인의 술 동네 헌 동네
날마다 새 동네

우수문예지

변두리 시인들에게
좋은 잡지란 유명 시인이나
좋은 시가 많이 실린
잡지도 아니고
원고료 많이 주는
잡지도 아니고
자기 시를 실을 수 있는 잡지
자기 시가 실린 잡지
착한 잡지란 그저 그런 거

시인의 훈장

쓰다 보면
자꾸자꾸 쓰다 보면
스펙만 쌓여가는 게 아니다
쓰레기도 쌓여간다

신작시 읽기

계절이 바뀌고 다시
이 잡지 저 잡지
읽고 나서 실망하려다가
안심했다
나보다 정말 잘 쓰는
시인이 아직 없다

공자의 재발견
―오탁번 시인과의 대화

  선생님께 감히 여쭙겠습니다 사십이 불혹不惑이라니 어떤 것도 어떤 년도 꼴리지 않는 나이란 말인지요 아니면 식성은 변하지 않는다는 말인지요 또 오십이 지천명知天命이라니 어떻게 살아도 거기서 거기 별수가 없다는 걸 재미가 없다는 걸 알 만한 나이란 소리이겠는지요 그리고 육십이 이순耳順이란 말은 어차피 뭐가 들려야지 누가 뭐라 해도 지 꼴리는 대로 생각하고 듣는 나이란 소리인지요 니 말에도 일리가 있구나 애썼다 여기까지 오느라 마지막으로 유념할 것은 자고로 인생 칠십 고래희古來稀요 종심소욕불유거從心所欲不踰距라 했느니 무슨 짓을 해도 뜻대로 이뤄지지 않을 나이란 소리다 몸이 느리니 은행 강도를 할 수 있겠냐 그게 서지도 않는데 성폭행을 하겠냐 할 수 있는 일이 없다는 말이지 선생님 말씀은 늘 지당하십니다 그놈의 약물이 또 문제고 사소한 예외까지야 어쩔 수 없는 일이지만요

시론詩論
-오래된 미래

너무 오래 살아

마구 길어지고

너무 수다스럽다

닥치고 하이쿠

또는 침묵

가지자지

가지 같은 자지
자지 같은 가지
이건 은유가 아냐
그냥 직유다

붓질과 좆질
―인간 불평등 기원론

피카소는 붓질하고
좆질하고

나도 붓질하고
좆질하고

피카소의 붓질은 돈이 되고
좆질은 연애가 되고

나의 붓질은 가난이 되고
내 좆질은 불륜이 되고

피카소는 피카소고
나는 그냥 나고

허명

자기를 먼저 죽이고
남을 죽이는
아니 자기를 죽이기 전에
남부터 죽이는
미망

적

나는 내가 만난 모든 나다

나는 내가 제일 무섭다

주 다는 남자

 세상 참 뭣 같데 적당히 배우다 말 걸 쓸데없이 학력만 높아가지고 쪽팔리게 세상 뭐랄 수도 없고 성질만 좆 같아지데 방학이라고 수당 25만 원 가지고 살래 그나마 땡전 한 푼 없는 강사도 있지만 그저 앉아서 정부미나 처다보며 손가락이나 빨라네 씨벌 그렇다고 원고청탁이나 오는 줄 알아 등단지가 좆 같다고 시나 사람도 좆 같아 보이는지 별것도 아닌 것들한테 무시당하고 아주 영 개 같아 시 싣기도 시집 내기도 영 뭣 같다니까 생각 잘못했어 저 용택이 형처럼 강 하나 끼고 앉아 어린 촌것들하고 놀고 있으면 그게 그럴듯한지 인간들이 자꾸 찾잖아 아님 남준이 형처럼 산 하나 정해놓고 그 아래 살면서 폼 잡고 있으면 하다못해 애 낳아 주겠다고 찾아오는 처자라도 있지 그도 저도 아님 도현이 형처럼 시시한 직장 때려치우고 틀어박혀서 말도 안 되는 어른 동화 쓰면 그런대로 폼 나잖아 그런데 왜 안도현 형은 매일 자기가 도현이가 아니래 내 친구 중엔 꼬박꼬박 자기가 도현이라고 하는 전도현도 있는데 그건 그렇고 복 없는 놈은 뭘 해도 할 수 없나 봐 학교에서 해직되고 나도 지리산 밑에서 몇 년 동안 헤매며 지리산 댐 반대도 하고 골프장 반대도 하고 이것저것 다 했는데 오토바이 타고 지리산 근처에 왔다는 원규만 가지고 지리산 시인 어쩌구저쩌구 난리잖아 이런 걸 복걸복이라고 하나 진즉에 나도 오토바이나 폼나게 타고 다닐 걸 아님 아주 처자를 버리든가 한쪽에선 등단지가 시원치 않다고 왕따시키고 또 한쪽에선 쓸데없이 학력만 높다고 소외시키고 허기사 작가의 학력은 대학 중퇴면 최고지 박사씩이나 무슨 개뿔 홍성원이나 김훈 선배 좀 봐 동문이란 놈들은 요즘 세상에 학연은 피해야 한다고 괜히 피하거나 또 은근히 등단지 타령이나 하고 앉았고 씨벌 그럼 난 뭐냐 시 쓰고 있으면 논문 써야 될 것 같고 논문 쓰고 있으면 소설을 써야 될 것 같고 소설을 쓰다 보면 쓰던 시나 잘 쓰거나 또 죽어라고 논문이나 써야 될 것 같고 좆도 정말 나도 내가 뭔지 모르겠다 석제나 상대 민규 소설 보다 보면 미치잖아 문구 형 소설 보다 보면 꼼빡 죽고 충청도 촌놈 영광이는 왜 그렇게 소설을 잘 쓴데 까놓고 보면 별거 없더만 입만 살아 가지고 겹치기 출연하는 연예인들처럼 영혼이 없는 시나 평문을 여기저기 동시에 지속적으로 써대는 시인이나 평론가들은 무척 놀랍거나 영 거시기 하고 여자들 써 놓은 소설 보면 작가랑 작품을 구분하지 못하고 괜히 걔들이 한번 줄 것도 같아 만나고 싶고 나 왜 이러니 성희롱 무서운 줄 모르고 차라리 은행원이 된 윤 중위는 그 나이에도 연애만 잘하는데 꼴에 선생이라고 체면 차리다가 거시기들 또 다 놓치고 돈이 남나 여자가 남나 명예가 남나 뭐 아무것도 없어요 씨발 쓸데없이 남의 글에 주만 달고 있어요 병신 정말 좆 같은 내 인생 그래도 한마디만 더 하자 허균이 창비로 등단했냐 윤선도나 정철이 문지 출신이야 김시습이 신춘문예로 등단했어 문학동네가 어디 니들만 사는 동네냐 실천은 니들만 해 홍길동은 실천문학에서 키운 애냐 세계문학 그런 게 어딨어 현대문학 그럼 지금이 현대지 고대냐 잘났어 정말 그래도 난 어차피 고대인가 그나저나 정일이는 아니 그 아들정은인가 간첩도 안 보낸대 잡을 간첩이나 있어야 보상금이라도 챙기지 쓰벌 어디 강사료 가지고 먹고 살겠어 원고료도 없는데 뭐 간첩은 보내는 게 아니라 만드는 거라고 됐어 골치 아파 이 정도면 막 나가자는 얘기지 응 진짜 됐어 괘념치 마라 어디서 많이 듣던 소리네 니가 도지사냐 오 테러블 이건 아이에스 테러보다 더해 뭐 트럼프 트위터도 아니고

시를 위하여

시를 오랫동안 사랑하기 위해선
지금보다 훨씬 더
아주 가끔 시를 만나야겠다
자주 만나서 식상해지고
짜증 나는 일보단
그게 낫겠다 싶고
그래야 그대를 인정할 수 있을 테니까

 청탁서를 쌓아놓고
시 쓰기를 밥 먹듯이 하는 그대여
이 땅의 시 전문지여
시를 좀 그만 생산해라
가끔은 청탁도 거절하고
잡지 발행도 거르고
(社告:다음 호는 시인들의 파업 관계로 발행하지 않습니다)
 아주 폐간도 하고

그렇고 그런 시인들끼리도 그만 만나고
행사도 그만하고
오입이나 하자

시를 더 사랑하기 위해선
아예 저 많은 시집들과 문예지를 모두 불사르고
잠시 문맹이 되자
신라 천 년 향가 이십사 수
고려 오백 년 고려가요 십여 수
그만이면 되는 거 아닌가

시를 오랫동안 사랑하기 위해선
그리하여 시로 다시 돌아오기 위하여
시의 황금시대를 위해
지금 모두의 시를 잊자 아주 잊자
시보다는 술
술보다는 섹스

그러니까 그리하여 그래서 마침내 다시 시인이 되자!
플리~즈.

해설

지옥에서 보낸 한철

고봉준(문학평론가)

 이동재의 시를 읽다 보면 불현듯 '지옥에서 보낸 한철'이라는 시집 제목이 떠오른다. '지옥'에 관한 단말마에서 랭보는 "불행은 나의 신이었다"라고 외쳤다. 랭보에게 지옥은 '불행'과 연결되는 세계였다. 그렇다면 이동재의 '지옥'은 어떨까? 그의 '지옥'은 '불의(不義)'의 형상을 하고 있다. 그것은 신(新)자유주의가 탄생시킨 한국 사회의 음울한 자화상처럼 읽힌다. 그의 시어들은 세상의 '질서'를 겨냥하여 발사된 포탄처럼 까마득히 높은 곳에서 사회의 굴곡진 지형을 향해 무차별적으로 떨어진다. 그 포탄이 겨냥하는 좌표는 '갑', '적폐', '기득권 세력'. 신(新)자유주의는 세상에 없던, 그리하여 불과 얼마 전까지만 해도 우리가 상상하지 못한 말들을 창조했다. 갑과 을, 정규직과 비정규직, 정리해고, 다운사이징 등.

이러한 단어들이 매스컴과 일상을 지배하기 시작하면서 우리는 그 이전에 우리 사회가 중시하던 가치들, 가령 자유, 평등, 공동체 등의 언어로 세계를 상상하는 능력을 급속히 상실하기 시작했다. '금융'이 지배하는 세계에서 사람들은 '생존'에 도움이 되지 않는 민주주의를 지키느니 그것들을 눈앞의 경제적 이익, 당장의 일자리와 교환하기를 원했다. 이러한 추세는 대학이 기업 방식의 경영을 원칙으로 삼고, 부유한 자들이 경제는 물론 정치 권력마저 독점하게 되는 현상을 초래했다. 경제와 금융에서 시작된 '거대한 후퇴'는 삽시간에 민주주의를 집어삼키고, 역사, 문화, 그리고 대중의 욕망을 장악해 나갔다. '기업가적 자아'라는 표현처럼 사람들은 자신을 1인 기업처럼 인식했고, 그것은 삶에 대한 자기-통제, 자기-착취를 불러왔다.

이러한 것들은 민주화 시대 전후에 대학을 다닌 세대들에게는 낯선 장면일 수밖에 없다. 신자유주의 시대에 사람들은 '자유'가 아니라 '구속', 그것도 자본-권력에 의한 완전한 구속을 욕망하기 시작했다. 사람들은 그 구속을 '정규직'이라고 부른다. '자유'는 이제 〈나는 자연인이다〉라는 프로그램에 등장하듯이 사회와의 완전한 단절을 통해서만 성취될 수 있는 것, 즉 반(反)사회 · 비(非)

사회적인 방식으로만 가능한 것인지도 모른다. 하지만 '구속'을 욕망하는 사람들에게 그것은 '자유'가 아니라 '패배', '배제'로 인식될 수밖에 없다. 우리 시대의 사람들은 '평등'보다는 '차별'을 선호한다. 신자유주의는 '평등'은 나태함을 부추겨 자기관리 실패에 이르게 만듦으로 반드시 없애야 할 적폐라는 인식, 즉 경쟁지상주의 사고방식을 일반화시켰다. 세상의 위계와 질서는 필연적이므로 문제는 끝없이 노력을 통해 보다 유리한, 보다 높은 자리를 차지하는 것만이 생존경쟁에서 살아남는 유일한 방법이라는 생각이 지배한다. 단적으로 사람들은 '자유'와 '평등'을 원하지 않는다. 그것보다는 더 많은 '돈', 더 안정적인 '일자리'를 원한다. 직업을 통한 자아실현이라는 말은 예전에도 거짓말이었으나, 신자유주의 시대를 살아가는 사람들에게는 실현해야 할 '자아'라는 것이 없으므로 '선의의 거짓말'로서의 가치조차 인정되지 않는다. 한 소설가가 '의자놀이'라는 말로 표현했듯이, 어느새 세상은 거대한 전쟁터로 변했다. 예외상태가 일상적 질서가 되어버린 세상에서 보다 안정적이고, 보다 높은 자리를 선점한 사람들에게 자신보다 아래에 위치한 사람들은 동일한 '사람'으로 인식되지 않는다. 신자유주의는 '효용'이라는 구호를 내세워 모든 존재를 '인간'이 아니라 '인력'으로 만든다. '인력'은 관리 또는 배치되어야 할 추상적 힘을 뿐이다. 여기에는 인간다움이 없다. '인간다움'이 없으므로 '인권'이 존재할 리 없다. '인간'이 없으므로 역사적·정치적으로 그가 누려야 한다고 강조되어 온 '자유'와 '평등'의 행방도 불분명하다.

    강사 계약서를 작성하다가 알았다
    난 그저 촉탁囑託이었구나
    일제시대와 함께 사라진 줄 알았던 말
    촉탁이 살아 있었구나

    총독부 촉탁 이효석
    고려영화사 촉탁 임화
    헌병보조원 밀정 그거 다 촉탁이었는데
    원조 비정규직

    친일파들이 멀쩡히 살아 있으니
    놀랄 일도 아니고
    친일파로 의심받고 있는 인간들과
    그 후손들이 건재하니
    또 그렇겠구나

세상 사람들 여전히 갑과 을
그 말이 그 말이었구나 식민지 근대
해방이 해방이 아니었구나
갑남을녀 선남선녀 언제나 갑과 을이로구나
─「갑과 을」전문

신자유주의가 가져온 사회적 변화에 대해 길게 설명했지만, 이동재의 시에 형상화된 불의(不義)한 장면들을 그것에 대한 시적 재현으로 간주하는 것은 좋은 독법이 아니다. 아무리 '현실'이 문학적 상상력을 앞서는 시대라 할지라도 문학의 존재 이유가 현실을 충실하게 설명하고 전달하는 데 있는 것은 아니기 때문이다. 이동재의 시집은 네 개의 상이한, 그렇지만 연관성이 없지 않은 공간으로 구성된 디스토피아, 이른바 '지옥'의 지리학이라고 명명할 수 있다. 흥미롭게도 이들 각각의 공간에서 갑과 을, 중심과 주변 등의 주체성은 매번 다르게 설정된다. 1부, 그러니까 첫 번째 지옥의 핵심적인 공간은 '대학(大學)'이다. "당신들이 이 대학 교수들이요/재단에서 나온 사람들이요/다 개자식이외다"(「대학입학금」)라는 첫 진술에서 선명하게 드러나듯이, 시인에게 대학은 〈갑-교수-정규직〉과 〈을-강사-비정규직〉의 적대적 관계가 핵심적인 세계이다. 이 가운데 시인의 주체성은 '강사'에게 맞춰져 있으니, 그에게 '교수'는 "삥이나 뜯는 양아치들"(「대학입학금」)이거나 "자기가 몸담고 있는 학내의 비정규직 문제는 눈 딱 감고/대기업 하청 문제가 어쩌고/비정규직 문제가 어쩌고 떠드는"(「대학 적폐」) 위선적인 속물들일 뿐이다. '강사'는 다르다. 그는 "가난한 관계"(「강사 퇴근」)를 견뎌야 하고, '종강의 기쁨'보다 "강사료 없는 방학을 걱정"(「투명인간」)해야 하는 투명인간, 아니 '좆도 아닌'(「대학강사 삼애(三哀)」) 비정규직이다. 그에게 '대학'이라는 세상은 이미-항상 불합리하고 부정의한 공간일 수밖에 없다.

물론 한국 대학에서의 교수-강사 관계가 '선'과 '악'의 도덕적 이분법으로 구분되는 것은 아닐 것이다. 또한 대학이라는 공간을 '권력'의 유무에 따라 〈갑-교수-정규직〉과 〈을-강사-비정규직〉으로 양분하는 인식도 이상하다. 이러한 이분법적 인식에는 학생은 물론 교육에 대한 고려가 자리할 가능성이 없기 때문이다. 그럼에도 불구하고 '사회'라는, 특히 신자유주의적 질서가 뿌리를 내리면서 어느새 '전쟁터'로 변해버린 사회에서는 때때로 '존재' 자체를 둘러싸고 문제가 발생하기도 한다. 시인 개인의 삶의 이력, 또는 그가 몸담았던 대학-세계에서의 교수-강사 관계에 대해서 우리는 아무런 정보도 갖고 있지 않다. 하지만 이러한 원한 감정(ressentiment)의 단순 반복은 상당히 징후적으로 보인다. "하늘을 우러러도 분노가 치밀고/땅을 굽어봐도 저 홀로 태평한/정규직 교직원만 봐도 분노가 치미는 거"(「대학강사 삼애」)라는 진술처럼 이동재의 화자들은 '정규직'에 대한 분노의 감정을 소유하고 있다. 이러한 원한 감정은 구체적 '행위'에서 발생하는 복수심과 달라서 상대의 '존재' 자체를 겨냥한다. 문제는 상대의 행위가 아니라 '정규직'이라는 존재에 있다는 것. 요컨대 '강사'는 "개강 첫 시간부터/16주 마지막 시간까지 꼬박 출강을 했지만/연구실도 밥 먹을 동료도 없고/매년 호봉 인상도 진급도 퇴직금도 연금도 없는"(「말세의 희탄」) 반면, 교수는 '정규직'이라는 이유로 엄청난 혜택을 누린다는 사실에서 오는 분노가 원한 감정의 기원인 셈이다. 이러한 왜곡된 감정은 "영원히 이루지 못할/정규직에 대한 꿈이 있고"(「대한민국에 사는 세 가지 기쁨」)나 "살아생전에 정규직 교수가 될 일이 까마득하니"(「대학강사 삼애」) 등처럼 '정규직(교수)'에 대한 욕망의 크기에 비례하기 마련이다. 하지만 이런 원한 감정은 "학교와 동교 교수 그리고 학생들을 미워하지 않고/나 자신을 미워하지 않고/차마 교단에 설 수 없어서"(「대학 적폐」)라는 고백처럼 자신의 정당함을 뒷받침하기 위한 알리바이로 도입되었다가 종종 자기 존재에 대한 환멸로 귀결된다는 점에서 위험하다.

> 박근혜 대통령은 국무회의에 이어 오늘 오전 청와대 영빈관에서 여당 내 진박인사들과 종편 기자들을 모아놓고 노동자 해고의 유연화와 비정규직 확산을 골자로 한 민생 법안인 노동개혁법을 국회에서 조속히 통과시켜 일자리 창출을 통해 청년 실업 문제를 해결하고 가슴이 메마른 청년들의 가슴에 막무가내 불을 지펴 저출산 문제를 아울러 해결해야만 하는 국가비상사태에 직면하여 민생법안의 직권상정을 강력히 촉구하시며 복면 시위를 일삼는 테러리스트들의 비국민화와 강력한 처벌을 대내외적으로 공표하는 한편 이를 반대하는 사람은 혼이 비정상인 종북좌파들뿐이라고 혼을 실어 진실하게 말씀하시었다
> ―「조선뉴스 1 ― 기사인 듯 기사 아닌 기사 같은 기사」 전문

현실에 대한 시인의 부정적 인식은 2부에서 사회 전체로 확장된다. 해묵은 역사논쟁, 무능하고 부도덕한 정치

권력, 왜곡된 정보로 민심을 교란시키는 언론, 친일의 역사마저 미화하려는 역사 교과서와 굴욕적인 외교, 교육이 존재하지 않는 교육기관인 대학, 전근대적 방식의 세습을 통해 유지되는 기업들, 국민들에게 전혀 신뢰를 주지 못하는 공권력과 행정기관, 세월호 참사 앞에서도 "가만히 있으리"(「가만히 있으리」)를 삶의 신조로 내세우는 비상식적인 대중들 등 현실에 대한 시인의 비판적인 문제의식은 실로 전방위적이다. 이것뿐이겠는가. 4대강 사업, 내성천 사업, 방산 비리, 자원외교 비리 등 이른바 기업 친화주의 마인드로 신자유주의 이데올로기를 은폐하고, 사회 전체를 살벌한 생존경쟁과 약육강식의 전장으로 몰아감으로써 기득권의 배만 불린 지난 시간 동안 한국 사회를 불신과 냉소의 시선으로 응시하지 않은 사람은 거의 없었을 것이다. 아마도 '박근혜'라는 이름은 그 정점에 해당할 터, 인용시의 화자는 그녀가 초래한 정치적 재앙을 '박근혜 대통령-진박인사들-종편 기자들'의 네트워크를 통해 고발하고 있다.

  반복되는 얘기지만, 서정시의 시적 진술은 주체의 고백이니 그것에 대한 인식론적 접근은 무의미하다. 그것이 불가능하다고 말할 생각은 없으나, 인식론적 차원에서 옳고 그름을 판별하기 위해 시를 쓰고 읽는 사람은 많지 않을 것이다. 마찬가지로 조롱, 비난, 풍자 등의 비판적 의도로 시를 쓰는 일이 무가치한 것은 아니지만 그 비난들이 상식으로 통용되고 있는 시대에, 모두가 알고 있는 사실을 '문학'이 반복할 때, 그 언어의 울림은 급격히 위축되고 만다. 최소한 문학의 '비판적' 진술은 사회적으로 그것이 금기되어 있을 동안에만 가치와 울림을 갖기 마련이며, 저 80년대의 투박한 해체시나 민중시가 그러했듯이 그때에만 자신에게 더 큰 상처를 남기더라도 부정하고 불합리한 세계에 충격을 줄 수 있는 법이다. 요컨대 문학의 힘과 가치는 진술 또는 발언 자체에서 발생하는 것이 아니라 그것이 사회적으로 통용될 때, 다양한 방식으로 울림을 획득할 때 비로소 만들어지는 것이다. 그런 한에서 문학의 힘과 가치를 철저하게 작품 내부에서 찾으려는 생각은 위험하다.

이러한 맥락을 전제하고 다시 이동재의 시편들을 읽어보자. 신자유주의적 현실에 대한 문학적 재현도 아니고, 부정의하고 불합리한 세계에 대한 비판이라는 의미도 아니라면, 과연 우리가 그의 시에서 읽어야 할 것은 무엇일까? 대부분의 시편들에서 시인은 세계를 강자와 약자, 권력/권한을 가진 자와 갖지 못한 자의 관계로 양분한다. 그리고 이러한 구분은 인식론적이라기보다는 도덕적이다. 나는 선과 악의 단순한 이분법에 동의하지 않는다. 또한 그 구분의 단순성이 '문학'의 생명을 위태롭게 만든다고 생각한다. 또한 나는 시인 혹은 화자 역시 자신이 내세우고 있는 도덕적 구분을 그대로 믿는다고 생각하지 않는다. 그러니까 대학의 정규직-교수들에게 "자신들의 월급통장을 털어서라도 비정규직과의 최소 형편을 맞추는 데 있지 않겠는지요 감히 그러지도 못할진대 그대들의 도는 소소한 소학의 도도 전혀 아니외다"(「대학지도(大學之道)」)라고 주장하고, "허균이 창비로 등단했냐 윤선도나 정철이 문지 출신이야 김시습이 신춘문예로 등단했어 문학동네가 어디 니들만 사는 동네냐 실천은 니말만 해"(「주 다는 남자」)처럼 '문단'이라는 제도의 중심을 향해 무력한 비수를 날리는 까닭은 그 요구와 비판이 정당하다고 생각하기 때문이 아니라는 사실이다. 내게 그것은 자신의 '존재감'을 알리려는 목소리, 아니 절규처럼 들린다. 거듭 말하거니와 '욕망'의 벡터를 확인해보면 시인의 욕망과 그가 비판하는 사람들의 욕망은 상당 부분 겹친다. 그는 강사라는 신분, 그것에서 발생하는 차별에 저항하고 있으나 그는 '정규직 교수'를 꿈꾸고 있다. 마찬가지로 그는 등단지(誌)를 근거로 시인을 차별하고, '변두리 시인'(「우수문예지」)

에게 청탁과 시집 출간의 기회를 주지 않는 대형 문예지와 문학출판사를 조롱하고 있지만 그것 역시 자신의 욕망이 어디를 향하고 있는가를 단적으로 보여주는 사례일 따름이다. 그런데 시인은 이러한 욕망의 이율배반을 은폐하려는 생각이 별로 없는 것처럼 보인다. 이동재의 시가 빛나는 순간, 그러니까 시적 울림을 획득하는 때는 대개 이런 순간들이다.

> 이 시간엔 아무도 나를 떠나지 말아라
> 나무가 밀려난 산등성이 너머나
> 비정한 도시의 건물 사이로
> 해가 넘어가고 나면
> 이 도시의 무너진 골목골목 사이로
> 불안전한 너와 나 사이로
> 어둠이 스멀거리며 다가오겠지만
> 집으로 돌아가던 자도
> 아직 거리를 떠도는 자도
> 지금은 잠시 아무도 나를 떠나지 말아라
> 그리고 술잔을 들어 이 도시를 적셔라
> 내가 그리고 네가 바라던 세상이 아니었으니
> 모두 잊어도 좋으리

어차피 제정신이 아니었으니

망각의 술잔에 몸을 실어라

내일은 또 내일의 태양

내일은 또 내일의 어둠

낮도 아니고 밤도 아닌

밝음도 아니고 어둠도 아닌

개도 아니고 늑대도 아닌

지금 이곳에서 맘껏 짖어라

술잔을 들어라 고개를 쳐들어라

온몸을 뒤흔들어라

그리고 이 시간엔 절대 다시

아무도 나를 떠나지 말아라

—「개와 늑대의 시간」 전문

  어떤 시인들은 세상을 향해 비수를 던지는 것을 사명으로 삼는다. '비수'를 던지는 행위로서의 시는 실상 세상보다 시인 자신에게 더 큰 상처를 남기기 마련이지만, 시인 역시 그것을 모르지 않는다. 그래서 세상의 부조리함에 비판하는 시적 언술들에는 그것으로 환원되지 않는 또 다른 언어가 숨어 있는 법이다. 이동재의 시에서 그 언어들은 종종 '비애'의 감정을 드러낸다. 예컨대 "절벽에 매달린 자만이 / 절벽에서 손을 뗄 수 있다!"(「지금 한국 여자들은 클라이밍 중」), "어둠 속 불빛 / 내 가슴 속 빈 구멍 / 취객 하나 전봇대 잡고 한참 물주고"(「시골 가로등」), "변두리 시인에게 / 좋은 잡지란(…중략…) / 자기 시를 실을 수 있는 잡지 / 자기 시가 실린 잡지"(「우수 문예지」), "나는 내가 만난 모든 나다 // 나는 내가 제일 무섭다"(「적」) 같은 진술에서는 오랫동안 주변을 떠돈 자만이 느낄 수 있는 삶의 비애가 묻어난다. 대학의 현실을 비판하고, 정치의 부정의와 기업의 비인간적인 면을 비난하는 장면들보다, 문단의 '중심'을 향해 억지스러운 비난의 화살을 날리는 것보다 한층 시적인 장면은 그 비난을 자신에게로 돌릴 때, 그리하여 뿌리 깊은 절망과 비애에도 불구하고 삶을 포기할 수 없을 때, 타인을 향한 비판이 사실은 자신을 겨냥한 것임이 드러날 때 이동재의 시는 서정적 울림을 획득한다.

'개와 늑대의 시간'은 해 질 무렵 대상의 실루엣으로는 개와 늑대가 구분되지 않는 불확정적인 상태를 가리키는 관용적 표현이다. 그것은 "낮도 아니고 밤도 아닌 / 밝음도 아니고 어둠도 아닌" 비결정 상태의 시간이라는 점에서 '사이-시간'이라고 말할 수 있다. 그런데 화자의 의식은 이러한 '사이-시간'의 존재가 아니라 "이 시간엔 아무도 나를 떠나지 말아라"라는 진술처럼 이별에 대한 '부정/거부'에 맞춰져 있다. 그러니까 이 시에는 두 개의 시간이 존재하고 있는 셈인데, 하나는 "나무가 밀려난 산등성이 너머나/비정한 도시의 건물 사이로/해가 넘어가고 나면"이라고 설명되는 '밤'의 시간이고, 다른 하나는 "낮도 아니고 밤도 아닌/밝음도 아니고 어둠도 아닌" '지금-이곳'의 시간이다. 화자는 '밤'이 되어 도시가 완전히 '어둠'에 잠기기 전에는 아무도 자신을 떠나지 않기를 희망하고 있다. 바꿔 말하면 자신 또한 '밤'이 되기 전에는 귀가하지 않겠다는 뜻이다. 그는 사람들에게 '밤'이 도래하기 전까지 "술잔을 들어 이 도시를 적셔라"라고 명령한다. '명령'의 형식을 취하고 있지만 이 진술의 진의는 자신과 함께 술을 마시자는 것, 최소한 '밤'이 되기 전까지 자신 곁에 머물러 달라는 것이다. "시보다는 술/술보다는 섹스"(「시를 위하여」)가 더 중요하다고 생각한다면 상식적인 요구라고 읽을 수도 있겠다. 하지만 모든 명령문이 '명령'으로서 기능하는 것은 아니다. 실행 능력이 전제되지 않는 명령은 '명령'이라기보다는 '희망'이나 '기원'에 더 가깝다. 화자의 반복되는 명령("이 시간엔 아무도 나를 떠나지 말아라")에서 숱한 상처를 경험한 한 인간의 비애 섞인 내면이 느껴지는 까닭은 그것이

"그리고 이 시간엔 절대 다시/아무도 나를 떠나지 말아라"라는 변주된 명령으로 끝을 맺기 때문이다. 후자는 최초의 명령에 '절대'와 '다시'라는 두 개의 부사를 첨가하고 있다. 왜 명령은 반복되어야 했고, 거기에는 두 개의 부사가 추가되어야 했을까? 그것은 이미-항상 숱한 사람들이 그를 남겨두고 떠났기 때문일 것이다. 시집 전체를 통해 그는 까마득히 높은 곳에서 정의롭지 못한 세상을 향해 비판의 폭탄을 날리는 준엄한 존재로 등장하지만, '밤'이 되면 외로움에 취해 누군가의 손길을 마냥 그리워하는 나약한 존재인지도 모른다. 어쩌면 시인의 날카로운 목소리는 나약함을 감추기 위한 가면(persona)이 아닐까.

포지션 詞林 007
주 다는 남자

펴낸날 | 2018년 11월 7일

지은이 | 이동재
펴낸이 | 차재일
책임편집 | 이용헌
펴낸곳 | 포지션
등록번호 | 제2016-000118호
등록일자 | 2016년 4월 12일
주소 | 서울시 마포구 대흥로8길 26. 201호
전화 | 010-8945-2222
전자우편 | position2013@gmail.com

ⓒ 이동재, 2018

ISBN 979-11-961370-6-9 03810

값 10,000원

* 이 책의 전부 또는 일부 내용을 재사용하려면 반드시 지은이와 포지션의 서면 동의를 받아야 합니다.